AF358050

CATALOGUE

D'UNE COLLECTION

DE

BELLES ÉTOFFES

DES XVIᵉ, XVIIᵉ & XVIIIᵉ SIÈCLES

Velours de Gênes ; Chasubles; Tapis en velours ;

Brocards ;

Satins brodés ; Damas; Lampas ;

DENTELLES

DONT LA VENTE AURA LIEU

HOTEL DROUOT, SALLE Nᵒ 8,

Le Samedi 5 Décembre 1874,

A DEUX HEURES.

Par le ministère de **Mᵉ CHARLES PILLET**, Commissaire-Priseur,
10, rue de la Grange-Batelière,

Assisté de **M. CHARLES MANNHEIM**, Expert, 7, rue St-Georges.

Chez lesquels se trouve le présent Catalogue.

EXPOSITION PUBLIQUE : *Le Vendredi 4 Décembre 1874,*
DE UNE HEURE A CINQ HEURES.

CONDITIONS DE LA VENTE

Elle sera faite au comptant.

Les acquéreurs payeront, en sus des adjudications, *cinq pour cent* applicables aux frais.

L'exposition mettant le public à même de se rendre compte de l'état des objets, il ne sera admis aucune réclamation une fois l'adjudication prononcée.

PARIS. — Imprimerie PILLET FILS AÎNÉ, rue des Grands-Augustins, 5.

DÉSIGNATION DES ÉTOFFES

1 — Trois lambrequins, en velours à parterre, avec frange
de soie rouge lambrequinée.

2 — Un tapis en taffetas vert avec encadrement brodé de
fleurs de diverses couleurs; travail florentin du xvie siècle. — Haut., 1 m., sur 2 m. 25 de long.

3 — Très-belle chasuble, en velours de Gênes vert, sur
fond lamé d'or, avec un morceau de même étoffe;
xvie siècle.

4 — Jupe en gros de Naples olive, richement brodée en
argent. xviie siècle.

5 — Très-belle chasuble en velours olive et point de Florence avec étole et manipule. xvie siècle.

6 — Quatre beaux glands en soie de diverses couleurs mé-
langée d'or et d'argent.

7 — Beau panneau de 3 m. de long sur 0 m. 55 de large,
en velours vert sur fond chamois avec doublure en satin vert; riche dessin formé d'entrelacs, de vases, de
griffons et de chimères. xvie siècle.

8 — Frise de 14 m., en quatre morceaux. Travail vénitien des plus curieux; broderies en soie de diverses couleurs rehaussée d'or et d'argent. xvie siècle.

9 — Riche devant d'autel en moire blanche brodée de chenille de couleurs diverses rehaussée d'or. Travail vénitien. xvie siècle. — 2 m. 20 de larg. sur 1 m. de haut.

10 — Satin saumon très-richement brodé d'or et d'argent. Travail vénitien. xvie siècle. — 1 m. 30, sur 0 m. 90 de haut.

11 — Belle chasuble du xve siècle, en satin violet lamé d'or avec étole, manipule, voile à deux faces et couvre-calice.

12 — Chasuble en soie verte lamée d'or avec étole et manipule. xve siècle.

13 — Devant d'autel sur taffetas blanc, très-richement brodé. Travail florentin du xvie siècle.

14 — Devant d'autel sur taffetas blanc, très-richement brodé. Travail florentin. xvie siècle. — 2 m. 70 de large sur 1 m. de haut.

15 — Bande de 2 m. de long, formée de riches arabesques en velours pourpre sur fond or.

16 — Habit en gros de Naples olive, brodé en soie et
paillettes.

17 — Très-beau devant d'autel en point de Florence très-
richement brodé. — 2 m. 10 sur 1 m. de haut.

18 — Charmant tapis en velours vert de Gênes, sur fond
bouton d'or. xvi⁰ siècle. — 1 m. 25, sur 1 m. 15.

19 — Tapis velours vert de Gênes sur fond or. xvi⁰ siècle.
1 m. 30, sur 1 m. de haut.

20 — Belle chasuble en velours de Gênes olive frappé, avec
étole et manipule, galons et dentelle d'or et galon
jaune. xv⁰ siècle.

21 — Très-belle chasuble velours vert et bleu changeant,
sur fond orange, avec une étole et manipule, galons
jaunes. xv⁰ siècle.

22 — Jupe en mousseline blanche, brodée au point de cro-
chet. xviii⁰ siècle.

23 — Fort belle chasuble en velours de Gênes olive, avec
étole et manipule. xv⁰ siècle.

24 — Chasuble en velours vert de Gênes avec manipule et
étole et galons d'or. xvi⁰ siècle.

25 — Chasuble en velours vert de Gênes, avec manipule
et étole. xvi⁰ siècle.

26 — Chasuble, fond saumon lamé d'or, avec manipule, étole, voile de calice et couvre-calice. xvᵉ siècle.

27 — Magnifique tunique d'assistant en satin pourpre broché de velours olive et médaillons brochés représentant des têtes d'anges lamées d'or. xvᵉ siècle.

28 — Tunique semblable à la précédente. xvᵉ siècle.

29 — Tapis en brocard blanc vénitien broché et lamé d'or. 1 m. 10, sur 1 m. 10.

30 — Tapis en satin ponceau broché et lamé d'or. 1 m. 10, sur 1 m.

31 — Tapis en brocard groseille, broché et lamé d'or. — — 1 m. 05, sur 1 m. 05.

32 — Dalmatique en gros de Naples, très-richement brodé, avec son capuchon. xviiᵉ siècle.

33 — Deux chasubles velours de Gênes, pourpre, quadrillé sur fond d'argent, avec une étole, trois manipules et un couvre-calice. xviᵉ siècle.

34 — Chasuble en drap d'or sur fond vert clair, avec étole et manipule. xviᵉ siècle.

35 — Tapis velours rouge de Gênes, doublé de satin jaune broché avec galon assorti. xviiᵉ siècle. 1 m. 30 sur 0 m. 65.

36 — Chasuble en velours rouge avec croix brodée de figures de saints. Fort beau travail du xv⁰ siècle.

37 — 56 mètres 65 centimètres, tentures velours pourpre avec applications. Travail florentin du xv⁰ siècle.

38 — 44 mètres 50 centimètres de bordure velours rouge sur fond or. xvi⁰ siècle.

39 — Chasuble velours vert de Gênes, avec étole. xvi⁰ s.

40 — Chasuble velours vert de Gênes, avec étole, manipule et galon d'argent. xvi⁰ siècle.

41 — Chasuble en damas olive avec ornements brochés bouton d'or sur fond rouge, représentant des têtes d'anges, la Vierge et les initiales du Christ, avec deux étoles et deux manipules. xv⁰ siècle.

42 — Tunique même étoffe et ornements que ci-dessus.

43 — Tunique semblable à la précédente.

44 — Lambrequin en lampas vert broché avec belle frange quadrillée. — 3 m. 70 de large sur 0 m. 60, frange comprise. xvii⁰ siècle.

45 — Panneau de 2 m. 50 de haut sur 0 51 de large, en soie jaune brochée et doublée de cretonne. xvii⁰ siècle.

46 — Tapis de satin jaune vénitien broché et lamé d'argent. 1 m. 05 sur 1 m.

47 — Tapis en satin gris très-richement brodé d'or et d'argent. 1 m. sur 0 m. 55.

48 — Tapis fond gris mauve, broché et lamé d'or. 1 m. 05 sur 1 m.

49 — Tapis en satin blanc broché, avec galon à frange citron lambrequinée. 1 m. 50 sur 0 m. 90.

50 — Tapis en brocard vert et or. 1 m. sur 1 m. 05.

51 — Chasuble en velours vert de Gênes, sur fond or avec étole. XVIᵉ siècle.

52 — Magnifique devant d'autel sur satin saumon, brodé en haut relief d'entrelacs d'argent. Travail vénitien de la fin du XVᵉ siècle. 2 m. 25 sur 1 m.

53 — Très-bel encadrement d'autel richement brodé sur fond lamé d'argent. 2 m. 65 sur 1 m. 05.

54 — Quatre lés de brocatelle sicilienne verte lamée d'or. Chaque lé de 3 m. de haut sur 0 m. 60.

55 — Devant d'autel en deux parties, pouvant être utilisé pour tapis, en taffetas blanc brodé d'or et de semis de bouquets de fleurs, avec très-riche encadrement, or et soies diverses. 2 m. sur 1 m. 30 de haut.

56 — Voile de calice brodé. 0 m. 60 carré.

57 — Tapis soie blanche richement brodée avec galon d'argent et frange citron à houppes. 1 m. 65 sur 1 m. 20.

58 — Devant d'autel en gros de Gênes blanc, très-richement brodé d'or et de soies diverses, avec un médaillon représentant un chiffre armorié. Travail vénitien. xvie siècle. Provient du palais Loredano. 2 m. 10 sur 1 m. de haut.

59 — Tapis en damas blanc lamé d'or et broché de bouquets. 1 m. 0 5 sur 1 m.

60 — Chasuble du xvie siècle en velours de Gênes, bouton d'or et rouge et en velours pourpre uni, avec galons jaunes.

61 — Chasuble du xvie siècle en velours pourpre de Gênes, avec étole, manipule et galons or et rouge. Beau dessin.

62 — Tapis en velours vert olive de Gênes, à rinceaux et couronnes de marquis sur fond chamois. xvie siècle. — 1 m. 25 sur 1 m. 40.

63 — Bande de velours de Gênes, grenat sur fond bouton d'or. — 1 m. 60 sur 0 m. 25.

64 — 1 m. 85 velours de Gênes rouge à rinceaux sur 0 m. 50 de large.

65 — Bande de velours de Gênes rouge sur fond jaune. —
2 m. 25 de long sur 0 m. 12.

66 — Lambrequin en velours de Gênes pourpre, ton sur
ton. — 2 m. 30 de large sur 0 m. 50 de haut.

67 — Trois grands morceaux et trois petits de velours vert
bouteille uni. xvie siècle.

68 — Charmant tapis en velours vert de Gênes ton sur ton,
garni de franges de diverses couleurs. xvie siècle. —
1 m. 40 sur 0 m. 85.

69 — Chasuble en velours de Gênes violet ton sur ton, avec
galons jaunes. xvie siècle.

70 — Chasuble en velours de Gênes pourpre uni avec
bandes en velours de Gênes pourpre et or. xvie siècle.

71 — Belle chasuble en velours vert de Gênes, sur fond
maïs, avec morceau de damas vert et galon jaune.

72 — Chasuble en velours de Gênes violet ton sur ton.
Époque Louis XIII.

73 — Deux lés de gros de Naples gris brochés et lamés
d'or. Époque Louis XIII.

74 — Belle chasuble en velours de Gênes violet uni, avec
frange et galon assortis. xvie siècle.

75 — Trois morceaux de soie sicilienne mauve, jaune et
or, ensemble, 2 m. 40 sur 0 m. 50 de large.

76 — Tapis du xve siècle en velours de Gênes, à palmettes
rouges sur fond or. — 1 m. 45 sur 1 m.

77 — Quatre lés velours de Gênes du xvie siècle, violet sur
fond or. Ensemble, 2 m. 30 sur 0 m. 95.

78 — 1 m. 90 de velours de Gênes grenat frappé en
0 m. 55 de large. xvie siècle.

79 — 3 m. 25 en deux coupes de velours de Gênes vert
sur fond d'or ; largeurs 0 m. 55. Très-belle qualité.

80 — Brocard feu lamé d'or et broché. (Neuf morceaux.)

81 — Quatre lés brocard rouge vénitien du xve siècle lamé
d'or et d'argent, ensemble 7 m. 50. Fort belle qualité.

82 — Lampas vert sicilien très-richement lamé d'or. —
1 m. 23 sur 0 m. 52.

83 — Brocard vert vénitien richement broché et lamé d'or.
— 5 m. 75 sur 0 m. 50 en trois morceaux.

84 — Panneau de 2 m. 10 de haut en trois lés de brocard
ponceau de 0 m. 65 de large, très-richement broché
d'arabesques, d'oiseaux, de fleurs et de paniers de
fruits lamés d'or. Fort belle qualité.

85 — 26 m. 20 de damas vert en huit morceaux de 0 m. 63 de large.

86 — Chasuble en velours de Gênes ponceau sur fond argenté, avec étole et manipule. xvie siècle.

87 — Quatre lés brocard d'argent vénitien, fond vert lamé d'argent. — Chaque lé a 1 m. sur 0 m. 52.

88 — Taffetas bleu Louis XV, richement broché et fleuri ; ensemble 14 m. 40 en sept morceaux ; en outre un paquet de fragments.

89 — Satin Louis XIII, bouton d'or broché ; 2 m. 10 sur 0 m. 54, et trois morceaux de 0 m. 40 sur 0 m. 35 chacun ; en tout six morceaux.

90 — Quatre morceaux de brocard ponceau portugais lamé d'or ; chaque morceau de 0 m. 60 sur 0 m. 54.

91 — Un lé de 1 m. 50 sur 0 m. 50 de gros de Tours Louis XV, gorge de pigeon rayé et fleuri.

92 — Chasuble du xve siècle, fond rose lamé d'or avec galons assortis.

93 — Trois lés de brocard vénitien cerise, lamé d'argent et broché. — Chaque lé a 1 m. sur 0 m. 50 de large.

94 — 52 m. 20 en neuf portières de deux lés chacune, damas rouge belle qualité.

95 — 15 m. 60 de damas rouge à vases, en deux beaux panneaux provenant de l'église de Saint-Marc, dont ils portent la marque au coin de la doublure.

96 — 20 m. 65 damas rouge de très-belle qualité, en six coupes.

97 — 17 m. de très-beau damas rouge, en trois coupes.

98 — 6 m. 75 de très-beau damas rouge en un panneau.

99 — 5 m. 20 damas rouge, en un panneau.

100 — 5 m. 40 beau damas rouge, en un panneau.

101 — 5 m. 40 beau damas rouge, en un panneau.

102 — 4 m. 90 de très-beau damas rouge, en un panneau.

103 — Bandeau en gros de Tours maïs brodé au plumetis, avec très-belle frange en soie de couleurs diverses. — 1 m. 95 de large sur 0 m. 50 de haut.

104 — 52 m. beau damas vert, un lambrequin de même étoffe de 3 m. 50 de large sur 0 m. 65 de haut avec galon d'or, plus 40 morceaux divers et 30 fragments.

105 — Une chasuble en velours de Gênes cramoisi du
xviᵉ siècle, sur drap d'argent; deux tuniques, deux
grandes dalmatiques et un morceau de 50 centimètres
carrés; le tout de même velours sur drap d'argent. —
Très-belle qualité. Derrière le capuchon des deux dalmatiques se trouvent des inscriptions; nous reprodui-
sons l'une d'elles :

EX OPERIBVS INDVSTRIOSIS

PRîS FRîS DOMINICI

FERIANI SENENSIS

ANNO DOMINI

M.D.L.X.X.

106 — Tunique en velours de Gênes rouge et vert, sur
fond or, avec galons assortis. Belle qualité. xviᵉ siècle.

107 — Chasuble, même qualité que le numéro précédent.

108 — Magnifique panneau composé de trois lés et de deux
demi-lés velours à parterre. — Chaque lé a 0 m. 60 de
large sur 1 m. 05 de haut, et chaque demi-lé 0 m. 20
de large sur 1 m. 05.

109 — Superbe chasuble en velours de Gênes vert, sur
drap d'or, avec très-beaux galons. xviᵉ siècle.

110 — Belle chasuble avec étole, manipule et couvre-calice
en velours vert de Gênes sur fond or, avec galons d'or
et voile de calice en soie verte brochée. xviᵉ siècle.

111 — Tapis en velours rouge de Gênes, sur drap d'argent, avec très-beau galon frangé. — Fin du xvᵉ siècle.
2 m. 20 de long sur 0 m. 55 de haut.

112 — Fort belle chasuble en velours vert olive de Gênes, sur fond d'or, avec bande de brocard vert lamé d'or; manipule, étole et franges. — XVIe siècle.

113 — Chasuble en velours violacé de Gênes, avec étole, manipule et franges. — Fin du XVe siècle.

114 — Cinq morceaux velours de Gênes, vert ton sur ton pour siéges. XVIe siècle.

115 — Petit tapis velours de Gênes vert frappé avec galon d'or. XVe siècle, 0 m. 55 carré.

116 — Riche tenture, en beau damas grenat broché, ensemble 110 m. sur 0 m. 65 de large.

117 — Deux portières en brocatelle de Venise rouge, sur fond satin jaune. — Elles ont chacune 2 m. 40 de hauteur sur 2 m. 05 de largeur.

118 — Chasuble en soie lamée d'argent.

119 — Chasuble en brocard fond blanc.

120 — Deux beaux coussins en soie blanche brodée.

DENTELLES & GUIPURES

121 — Coupe de point d'Alençon. Long. 1 m. 35 ; haut. 7 cent.

122 — Coupe de point d'Alençon. Long. 1 m. 40 ; haut. 9 cent.

123 — Coupe de point d'Alençon. Long. 1 m. 90.

124 — Un volant en point d'Angleterre. Long. 3 m. ; haut. 57 cent.

125 — Point d'Angleterre (une coupe de). Long. 1 m. 50 ; haut. 37 cent.

126 — Point d'Angleterre (une coupe de). Long. 3 m. 40 haut. 17 cent.

127 — Point d'Angleterre (trois coupes de).

128 — Point d'Angleterre (deux coupes de).

129 — Quatre paires de barbes en point d'Angleterre et autres.

130 — Une barbe en Malines.

131 — Environ quatre mètres point d'Alençon.

132 — Environ cinq mètres guipure plate.

133 — Environ quatre mètres guipure plate.

134 — Couvre-lit en filet et guipure plate doublé en satin bleu.

135 — Couvre-lit en filet.